COME LAVORARE DA CASA ESSENDO UNA MAMMA

FAI IL TUO LAVORO COMODAMENTE DA CASA TUA, IMPARA TUTTO QUELLO CHE DEVI FARE PER PORTARE IL TUO UFFICIO NELLA TUA STANZA

Jessy M. Brown

Indice dei contenuti

Introduzione

Se siete stanchi di lavorare fuori casa o pronti a guadagnare soldi extra, le opportunità a disposizione delle mamme che lavorano a casa possono essere incredibili.

Se vi state trattenendo per paura che le vostre abilità non sono abbastanza perfezionate per trasformare i vostri sogni in realtà, rilassatevi! Anche le donne prive di titoli o di "competenze professionali" ad alto prezzo scopriranno che ci sono molte opzioni per lanciare da casa attività lucrative. È anche possibile ottenere dei veri e propri posti di lavoro per il personale lavorando per altri al di fuori dell'ufficio domestico. Il telelavoro sta diventando piu' comune di quanto si possa pensare. Si può anche essere in grado di iscriversi come lavoratore assunto o autonomo in aziende di tutto il mondo.

La verità è che non è necessario avere una specifica capacità di lavorare a casa. Ci sono soluzioni per superare quasi tutti gli ostacoli che si frappongono al vostro cammino. Non c'è motivo di essere scoraggiati!

Immergersi nella prospettiva di lavorare da casa può essere una decisione incredibile per te e per tutta la tua famiglia. Tuttavia, deve essere esaminata attentamente. Lavorare a casa può essere un'esperienza meravigliosa, ma non per tutti.

In questo libro, discuteremo le cose che dovrete considerare per avere successo. Ci sono alcuni modi per scoprire se il lavoro a casa si adatta davvero al proprio stile e alcuni vantaggi e pericoli che è intelligente esplorare prima di andare avanti per iniziare una carriera a casa.

Anche se ci saranno ostacoli - soprattutto per le madri impegnate con orari frenetici - ci sono modi per schiacciarli quasi tutti. Ci sono tecniche, consigli e idee per affrontare le avversità a testa alta e vincere che possono aiutarti a metterti sulla strada del successo.

Una delle chiavi per un'azienda di successo è la scelta del campo giusto in cui lavorare. Tuttavia, le opportunità possono essere un po' sorprendenti. Esplorare attentamente tutte le opzioni e come potrebbero inserirsi nel vostro stile di vita personale dovrebbe essere una priorità assoluta prima di scegliere la via da seguire.

Non importa se hai intenzione di diventare un imprenditore di qualche tipo o se vuoi lavorare come libero professionista, ci sono anche alcune cose da tenere a mente. Dall'ottenimento della formazione necessaria e trovare lavoro alla creazione di un ufficio a domicilio, discuteremo di ciò che è necessario sapere per trasformare i vostri sogni di lavorare a casa in realtà.

Come faccio a sapere se lavorare da casa fa per me?

Ti piace l'idea di poter lavorare a casa e ti piace l'idea di passare più tempo con la tua famiglia, ma non sei sicuro che questa sia la strada giusta per te. Non preoccuparti, non sei solo nei tuoi dubbi. Quasi tutte le donne che hanno iniziato una carriera di successo a casa le hanno affrontato. Comunque, e' intelligente esserne certi.

Lavorare a casa richiede molta dedizione, disciplina e pazienza. Non è per tutti, e questo va benissimo. Ci sono alcune cose che dovrebbero essere attentamente considerate se avete intenzione di diventare una mamma che lavora a casa. Anche se sei una mamma di casa, aggiungere una carriera al mix può fare un po' la differenza. Per essere sicuri di andare nella direzione giusta per voi, è importante rivedere cose come le finanze, il sostegno familiare e la vostra capacità di affrontare la prospettiva di lavorare a casa. Alcune madri prosperano in questa situazione, ma altre appassiscono.

➤ *POSIZIONE FINANZIARIA*

Se avete intenzione di lasciare un lavoro retribuito per lavorare a casa, dovreste avere una buona gestione finanziaria. Nella maggior parte dei casi, ci vorrà del tempo per creare un'impresa o un'azienda indipendente abbastanza da sostituire un lavoro quotidiano. Oltre al capitale necessario per l'avvio dell'attività, è necessario un fondo di riserva per coprire il periodo di avviamento.

La quantità di denaro che mettete da parte dipenderà da una serie di fattori, tra i quali:

Comprendere l'entità del vostro contributo mensile al bilancio familiare. Assicurati che la tua figura sia coperta per almeno qualche mese. Tre mesi possono fare il trucco, ma è un'opzione conservatrice (e più sicura) per sparare da sei a dodici mesi. Tenete queste cifre separate da ciò di cui avrete bisogno per dare alla vostra azienda una possibilità di successo.

La creazione di un'impresa a domicilio può richiedere un certo capitale iniziale. Oltre a quanto necessario per coprire la famiglia, si vogliono anche soldi per le attrezzature, il marketing, le licenze, ecc. Un prestito per piccole imprese può funzionare in alcuni casi, ma per molte operazioni a domicilio, sarete da soli con i costi di avviamento.

Mentre i piani aziendali non sempre possono essere sviluppati esattamente in tempo, si ha una buona comprensione del periodo di anticipazione della propria azienda. Si vuole essere sicuri di avere i soldi disponibili per coprire questo periodo e continuare a far crescere l'attività. Siate realistici.

Se le finanze si mettono in mezzo, prendete in considerazione la ricerca di prestiti, l'attivazione di un piano di risparmio o semplicemente lavorando nella vostra azienda a tempo parziale in un primo momento. Ci sono modi per realizzare il tuo sogno anche se il denaro contante non è disponibile con la rapidità che desideri.

➢ *IL SOSTEGNO ALLA FAMIGLIA È FONDAMENTALE*

Entrare in un'azienda di casa senza il sostegno di una famiglia solida per l'idea può rivelarsi un grosso errore. Se i membri della famiglia non capiscono che il tempo di lavoro è importante o che le chiamate di lavoro non dovrebbero essere interrotte con musica rock'n'roll ad alto volume da una stanza di un adolescente, allora si dovrà combattere una battaglia in salita.

Per essere sicuri che la vostra famiglia sia a bordo, ponetevi le seguenti domande:

Ho discusso a fondo l'idea con tutti i membri della famiglia? Se non l'ha fatto, vorrà farlo. Fare in modo che tutti coloro che sono abbastanza grandi capiscano che il fatto di essere a casa non significa che le ore di lavoro sono meno importanti è vitale per le vostre possibilità di successo.

I membri anziani della famiglia forniranno supporto durante le emergenze? Le madri che lavorano a domicilio devono ancora partecipare alle riunioni, rispettare le scadenze o uscire a prendere contatti. Quando c'è la necessità di una seria concentrazione, è imperativo avere qualcuno che possa intervenire e prendersi cura dei bambini e/o delle faccende domestiche.

I membri della famiglia saranno d'aiuto? Solo perché lavori a casa non significa che puoi o dovresti occuparti di tutto. Vi sarà di grande aiuto se i membri della famiglia aiutano con le faccende domestiche e fanno la loro parte per assicurarsi che tutto in casa fluisca senza intoppi.

Lavorare a casa dopo essere stati nel mondo può essere un po' difficile per un'intera famiglia. Se sei stata una mamma casalinga, le sfide possono essere anche maggiori. Dopo tutto, tutti erano abituati ad averti lì per aiutarli.

Passare a una carriera a casa significa che, anche se ci si trova, a volte le priorità devono cambiare obiettivo. Se la vostra famiglia è veramente a bordo, avrete un vantaggio in ogni sforzo che perseguite.

➢ *AUTODISCIPLINA*

Non importa quanti soldi hai risparmiato per iniziare o il sostegno che la tua famiglia ti offre, se non riesci a motivarti, sei nei guai. L'autodisciplina è una delle caratteristiche più importanti da avere quando si cerca di iniziare una carriera a casa. Ciò vale sia per i lavoratori a distanza che lavoreranno a tempo pieno per le aziende, sia per i futuri datori di lavoro.

Per essere sicuri di avere ciò di cui avete bisogno su questo fronte, considerate la possibilità di porre queste domande e di rispondere onestamente e francamente:

Sono motivato? Se non avete la motivazione e l'impulso per alzarvi la mattina e andare al lavoro, un'attività a domicilio sarà su un terreno instabile fin dall'inizio. Mentre la metà della ricompensa del lavoro a casa è più vicina alla famiglia, dovrete comunque operare con determinazione per avere successo negli affari. Come crescere i vostri figli, una carriera a casa richiederà tempo, attenzione e un po' di cure serie.

Posso fissare gli orari e seguirli? Quando sei il proprietario dell'operazione o sei un lavoratore autonomo, puoi impostare il tuo programma. In effetti, farlo può essere di grande aiuto per garantire che la vita sia più equilibrata. Naturalmente, si può uscire presto per giocare con i bambini di tanto in tanto, ma è necessario attenersi alla vita più o meno regolarmente.

Posso resistere alla tentazione? Una delle domande che l'autodisciplina può superare è resistere alla tentazione di fare cose diverse dal lavoro durante l'orario di lavoro. Quando nessun capo ti fa respirare il collo, può essere troppo facile guardare la TV, giocare al computer o anche fare le faccende domestiche invece di svolgere funzioni legate al lavoro. Abbandonatevi troppo spesso alle tentazioni e la vostra azienda potrebbe non volare.

➢ GESTIONE DELL'ISOLAMENTO

A seconda del tipo di attività che si intende perseguire, ci si può trovare un po 'isolato da altre persone. Le carriere al computer, ad esempio, possono farti lavorare a casa e non andare mai a trovare persone al di fuori della famiglia per giorni e giorni. Anche se questo non è un problema per molti, può far impazzire alcune donne. Assicuratevi di conoscere la vostra posizione sulla questione prima di procedere con una scelta di carriera che potrebbe mettervi in questa posizione.

Se si vuole affrontare il potenziale problema dell'isolamento frontale, ci sono alcune cose che possono aiutare. Questi includono

Questo è un ottimo modo per uscire di casa ogni settimana o mese. Inoltre, può aiutare a far sì che la vostra azienda riceva il suo nome.

Anche se il vostro business è basato su computer, non c'è niente di sbagliato nell'accettare e sollecitare i clienti locali. Questo può farti uscire dall'"ufficio" di tanto in tanto e aiutarti a far crescere il tuo business.

Può essere estremamente utile pianificare attività di dopo-ore che non comportano il soggiorno a casa. Anche una gita al parco con i bambini ogni pochi giorni può tenere sotto controllo la vostra salute mentale. Le corse alimentari non contano!

Volontariato nelle scuole dei vostri figli Anche il volontariato una volta alla settimana, al mese o in ogni gita sul campo che fate può farvi uscire di casa e aiutarvi a conoscere altre persone. Può anche servire come un ottimo modo per mostrare ai vostri figli quanto si vuole essere coinvolti nella loro vita. Dopo tutto, se il lavoro è tuo, un "capo" non potrà dire che non può prendersi due ore di riposo ogni martedì per dare una mano in una scuola.

Prendere la decisione di lavorare a casa può essere eccellente. Tuttavia, per essere sicuri che la mossa è giusta per voi, prendetevi il tempo per esaminare attentamente gli alti e bassi e rispondere onestamente alle domande su voi stessi e sulla vostra situazione.

Vantaggi del lavoro a domicilio

Lavorare a casa non è tutto sole e rose per molto tempo, ma può avere alcuni incredibili benefici che molte madri non scambierebbero per il mondo. I potenziali benefici di questa decisione possono avere un impatto sulla vostra vita finanziaria, sulla vita emotiva e persino sulle relazioni che amate.

Alcuni dei più notevoli vantaggi del lavoro a casa includono:

- Risparmiare denaro sulle spese giornaliere Se avete intenzione di lasciare un lavoro per lavorare a casa, dovrete recuperare la perdita, ma ci sono alcuni risparmi immediati che potete sentire. Le madri che lavorano a casa spesso risparmiano molto denaro su cose come l'assistenza all'infanzia, le spese di viaggio, i pranzi e persino le cene. Dopo tutto, è molto più facile assicurarsi che un pasto serale sia sul tavolo se si è in giro durante il giorno per vedere che questo è così.

- Mentre la programmazione può variare a seconda dell'opportunità di business perseguita, molte mamme a casa trovano che hanno molto più tempo da trascorrere con le loro famiglie. Anche se lavorano, possono semplicemente vedere di più della famiglia e partecipare di più alla loro vita quotidiana. Questa è una ricompensa che può rendere la decisione utile.

- Tenere il passo con i bambini, la casa e il lavoro sarà difficile in ogni caso. Tuttavia, farlo con un lavoro fuori casa può essere un incubo stressante. Le mamme che lavorano fuori casa possono sperimentare un calo dei livelli di stress quando entrano nel ritmo di "essere lì" per fare le cose. Ad esempio, gettare i vestiti nella spazzatura prima di iniziare una giornata di lavoro può diventare naturale. Così, anche tu puoi prenderti il tempo di salutare i più piccoli alla fermata dell'autobus e così via.

- Premi personali Non importa se avvii un'attività che vende articoli tramite privati o inserisci i dati per conto tuo, quando metti alla prova i tuoi successi saranno davvero tuoi. Creare anche un business domestico di modesto successo può essere incredibilmente gratificante a livello personale.

- Orari flessibili Mentre alcune aziende saranno più flessibili di altre, la maggior parte delle mamme che lavorano a casa trovano che sono molto più flessibili in quello che possono e non possono fare di quando lavoravano fuori casa. Questo può essere un vantaggio incredibile per le madri che vogliono prendere decisioni quando lavorano, in quali giorni e per quanto tempo lo fanno.

- Lavorare a casa può essere molto gratificante per le donne che danno alla prospettiva una seria opportunità. La ricompensa di farlo può variare da quella finanziaria a quella molto personale.

> ### ATTENTO ALLA TRAPPOLA.

Lavorare a casa può portare con sé una serie di ricompense che rendono l'azienda vantaggiosa. Le madri possono prosperare in queste circostanze perché la situazione offre loro il meglio di entrambi i mondi.

Per quanto fantastico possa essere lavorare a casa, ci sono alcuni rischi potenziali. Capire cosa sono può prepararti ad affrontarli e vincere. Anche se non tutti sperimenteranno le stesse truffe lavorando a casa, alcuni dei problemi più comuni che potrebbero sorgere includono cose come:

Alcune madri che lavorano a casa hanno un po 'di difficoltà a trovare un equilibrio tra la carriera e la vita privata. Se passano troppo tempo a lavorare o non abbastanza, non raggiungere un equilibrio può portare alla delusione in un settore, nell'altro o in entrambi.

Isolamento Come discusso in precedenza, alcune carriere domestiche possono essere un po' solitarie nel grande schema delle cose.

Colpa Mentre l'idea di lavorare a casa spesso significa avere più tempo per la famiglia, anche il lavoro dovrebbe essere nella lista delle priorità. Questo significa che ci saranno momenti in cui le mamme dovranno dire no o fare affari, anche quando un bambino di tre anni ha un capriccio. La parte lunga e breve di questa realtà è che a volte le mamme si sentono in colpa per non esserci, anche quando ci sono.

In alcune aree di lavoro, i rumori di fondo in una casa possono essere un po' imbarazzanti e possono anche sembrare poco professionali. Parlare al telefono con un cliente mentre un bambino ha un attacco o un cane abbaia ad alta voce in sottofondo non suona professionale come molti vorrebbero.

Il pericolo di lavorare a casa sta spesso nel non poter "lasciare" il lavoro alla fine della giornata. Con questo in mente, molte madri lavorano a casa e tendono ad esagerare a loro svantaggio. Mentre questo può essere un bene per gli affari, l'esaurimento può verificarsi se qualcuno lavora 24 ore al giorno e non si rilassa, si rilassa e respira una volta ogni tanto.

Mentre è certamente bello poter alzarsi dal letto la mattina e "informare" l'ufficio, questa può essere una spada a doppio taglio. E' troppo facile sedersi in quell'accappatoio alle 18:00 di un normale martedi'. Questo può avere un impatto negativo sull'autostima.

Anche se le trappole sono molto reali, ci sono modi per affrontarle e vincere. Non importa la sfida, avere un buon piano per affrontare la situazione può fare la differenza.

Superare gli ostacoli

Mentre gli ostacoli si frappongono a qualsiasi attività commerciale, alcuni degli ostacoli al business domestico sono un po' diversi. Ci sono modi per combattere ognuno di loro. Quando hai un arsenale di armi a tua disposizione, puoi spianare la strada verso il successo.

Questi consigli possono essere molto efficaci nell'aiutare le madri ad affrontare e superare gli ostacoli che si frappongono:

Sebbene la flessibilità sia importante, è anche importante avere un programma che sia seguito regolarmente. Quando si ottiene fermo sul vostro orario di lavoro e cercare di mantenere un programma, è più facile trovare un equilibrio che funziona nella vostra vita.

Creare un ufficio in casa Anche se si tratta di un armadio che viene ripensato come il proprio, avere una stanza con una porta a cui ritirarsi per le chiamate aziendali e lavoro serio dalla scadenza può essere un salvavita. Naturalmente, ottenere il computer portatile in modo da poter lavorare in salotto mentre la vostra famiglia ronza intorno a voi, ma hanno un riparo per andare a quando ne avete più bisogno. Facendo questo, tra l'altro, può anche aiutare nelle vostre tasse, quindi è intelligente da alcuni punti di vista.

Se state andando essere una mamma che lavora nel paese con i bambini piccoli, è imperativo che avete babysitter o asilo nido in linea per quando è necessario di più. Non importa se la vostra attività è legata alle vendite o al servizio, ci saranno alcuni giorni in cui non sarete in grado di essere disponibili per la vostra famiglia.

Assegnare compiti a casa Se i vostri figli sono più grandi, un'attività a domicilio può diventare il lavoro di tutti. Assegnare ai bambini compiti e compiti che possono fare per aiutarli. Queste possono includere funzioni aziendali o anche semplicemente mettere i bambini sulle stoviglie per liberarli fino alla fine delle chiamate notturne. Un piccolo lavoro non fa mai male a nessuno o ai bambini che aiutano una famiglia a funzionare bene e imparano preziose lezioni lungo il percorso.

Concentrarsi sul premio "No" per il terzo viaggio nel parco durante una settimana di sole può essere difficile, ma può essere importante. Quando i tuoi figli ti vedono che lavori sodo per

la tua famiglia, possono imparare con l'esempio. L'introduzione precoce di una forte etica del lavoro può mettere i giovani sulla loro strada verso il successo.

A parte le scadenze, è importante alzarsi e vestirsi per il lavoro, anche se ci si sposta dal letto al computer. Questo può aiutarvi a sentirvi meglio con voi stessi e tenervi motivati e proiettare vibrazioni di successo nel processo.

Opportunità per tutti

Non importa se non hai mai lavorato un giorno nella tua vita o se stai lasciando un lavoro a lungo termine, ci sono opportunità di cui quasi tutti possono approfittare. Lavorare a casa e riuscirci non significa avere una laurea quadriennale, una tonnellata di competenze specialistiche o una banca piena di soldi. Quello di cui avete bisogno è una buona idea e lo slancio per realizzarla.

Vi è una varietà di opportunità per i lavoratori non qualificati o poco qualificati. Alcune delle opzioni includono cose come:

Vendite Ci sono una varietà di attività legate alle vendite che potete esplorare e che vi permetterà di basare le vostre operazioni lontano da casa. Molte aziende che si affidano alle mamme a casa per vendere i loro prodotti vi fornirà la formazione di cui avete bisogno per avere successo. E' anche possibile acquistare in franchising per alcuni prodotti. Assicurati di poter eseguire il backup di un prodotto prima di provare a venderlo. Se non ti vendono, non lo saranno nemmeno i clienti.

Molte delle madri che vivono a casa hanno guadagnato da vivere vendendo oggetti attraverso negozi online o siti di aste virtuali. Sia che si creano oggetti da soli o fare un sacco di shopping per le vendite in garage e immobili, questa opzione è abbastanza facile da esplorare. Può anche essere ammortizzato con una parte lucrativa o con un reddito a tempo pieno.

Inserimento dati Se si può utilizzare un computer e digitare con qualsiasi grado di precisione, si troverà una ricchezza di opportunità disponibili per le competenze che si hanno. Anche se non sei il miglior dattilografo del mondo, ci sono modi per perfezionare le tue capacità in modo che questa opportunità di lavorare da solo per dare frutti. Mentre sempre più aziende esternalizzano funzioni come l'inserimento dei dati, molte casalinghe stanno scoprendo che questa nicchia si adatta perfettamente a loro.

Telemarketing Spesso è possibile ottenere lavori freelance e anche in aziende di telemarketing che dipendono da lavoratori a domicilio. Questo tipo di lavoro non richiede un insieme di competenze altamente specializzate. Se si può parlare chiaramente al telefono, far passare il messaggio ed essere piacevoli nel processo, si dovrebbe essere preparati.

Molte madri che lavorano a casa inciampano nella propria nicchia in base ai propri hobby personali. Alcune imprese casalinghe che sono emerse da idee o prodotti unici, come l'artigianato, le vendite online, la produzione di abbigliamento personalizzato con vetrine online, la produzione di sapone e candele e molto altro ancora. Le opzioni sono limitate solo dall'immaginazione.

Assistenti personali Alcuni lavorano a casa, le madri fanno commissioni per altri, lavorano in un ambiente virtuale per ridurre il carico di lavoro dei dipendenti dell'ufficio e altro ancora. Il campo dell'assistente personale può essere molto interessante da esplorare sia a livello locale che online. Il potenziale qui sta crescendo, dato che sempre più aziende esternalizzano e più dipendenti hanno paura di prendersi del tempo libero per realizzare i loro progetti personali.

La cura dei bambini a domicilio è un'opzione popolare per le madri che vogliono che i loro figli siano in un ambiente familiare e accogliente. Questa opzione può essere eccellente per un'attività domestica. Come madre, hai molte delle competenze già richieste per il lavoro.

Scrittura Se riesci a incatenare le frasi con facilità, sono disponibili opportunità per gli scrittori freelance. Anche se alcune delle competenze per certi lavori possono mancare, ci sono progetti che possono essere realizzati da principianti. Molti lavori di blogging, ad esempio, richiedono alle persone "comuni" di scrivere. Questo significa che sono richieste solo una buona voce scritta e abilità di base.

Potreste aver bisogno di una laurea o di una formazione specialistica, ma questo settore presenta alcune opportunità uniche. Raggiungere gli studenti di tutoraggio online può essere un ottimo modo per guadagnarsi da vivere e raccogliere i benefici di lavorare a casa allo stesso tempo.

Alcune aziende si stanno rivolgendo a call center virtuali per gestire il servizio clienti. In molti casi, questi call center assumono lavoratori a domicilio per gestire i turni delle chiamate in arrivo. Anche se questo tipo di lavoro richiederà ore fisse, può comunque fornire la flessibilità di programmazione che i genitori spesso richiedono. Inoltre, alcuni call center possono offrire lavoro a tempo pieno in tempo reale con vantaggi per i telelavoratori. Questo può essere un vantaggio se non si vuole iniziare la propria attività per lavorare da casa.

Mentre la formazione a breve termine e le licenze sono necessarie per questo campo, molti di coloro che entrano in questo campo si rendono conto che possono lavorare a casa la maggior parte del tempo.

Trascrizione Per coloro che hanno un regalo per la tastiera, questo può essere un campo incredibile da inserire. Con la formazione di base, il lavoro di trascrizione standard può essere fatto a casa. Con un corso di studio più approfondito, è possibile ottenere anche contratti di trascrizione medica a pagamento più elevati.

Le opportunità di lavorare a casa sono praticamente infinite. Con lavori che vanno da quelli che non richiedono mai di lasciare la casa a quelli che potrebbero averti fuori e su come fare chiamate di vendita sul proprio programma, le opzioni non sono limitate, anche se la vostra abilità di base si rivela così.

Massimizza le tue capacità

Mentre molte opportunità di lavoro a domicilio non richiedono diplomi speciali o una formazione avanzata, alcune competenze possono essere necessarie per lavori meglio retribuiti. Fortunatamente, ci sono una varietà di luoghi a cui rivolgersi per affinare le competenze necessarie per avere successo senza spendere una fortuna nel processo.

Anche se si sceglie un settore che non richiede competenze particolari, può essere importante prendere in considerazione alcuni corsi per aumentare l'acume imprenditoriale. Imparare cose come la contabilità di base, la tenuta dei registri, il marketing e la costituzione legale di un'impresa può essere importante per il successo di un'impresa a domicilio in molti casi.

A seconda del campo in cui siete interessati a entrare, questi punti vendita possono essere utili per fornirvi rapidamente la giusta formazione:

Le scuole superiori locali spesso offrono corsi serali per i propri studenti e per gli adulti della comunità che cercano di migliorare le proprie capacità. Mentre il curriculum può includere classi in scuole superiori standard, vengono offerti anche molti programmi di sviluppo professionale. Queste possono spaziare dalle classi tecniche e tipografiche alla contabilità e oltre. Non preoccuparti, non ti faranno tornare a prendere la storia e la matematica a meno che tu non voglia farlo!

Le scuole tecniche pubbliche possono essere risorse inestimabili per la formazione in diversi campi. Alcuni dei programmi che potrebbero essere offerti che potrebbero essere di grande utilità per una carriera a casa includono la trascrizione, il marketing, il funzionamento del computer, la contabilità di base, e così via. Questi luoghi sono noti anche per l'offerta di corsi di alta tecnologia. Se, per esempio, volete imparare a costruire siti web, le scuole tecniche statali o locali sono un buon posto per cercare lezioni a basso costo.

I corsi di certificazione domiciliare possono fornire le competenze e i documenti necessari per iniziare una carriera in un batter d'occhio. Le opportunità qui possono includere cose come la trascrizione medica, la contabilità, il marketing e altro ancora.

Man mano che sempre più scuole tecniche, college e università sfruttano la potenza di Internet per insegnare, la disponibilità dei corsi è in aumento. Mentre le offerte possono variare notevolmente, gli studenti a casa possono fare di tutto, dall'apprendimento dell'uso dei prodotti Microsoft Office all'ottenimento di un master, tutto dalla comodità di casa propria.

Le associazioni di certificazione sul campo che rappresentano determinati settori di lavoro possono offrire corsi di formazione per la certificazione o la concessione di licenze a basso costo. Ottenere una formazione per ottenere una licenza immobiliare, ad esempio, può richiedere solo pochi mesi di studio attraverso un consiglio locale di agenti immobiliari.

Small Business Development Centers Situato in molte aree metropolitane, queste agenzie finanziate dal governo sono noti per ospitare una varietà di programmi, workshop e corsi di certificazione. Questi centri possono anche essere risorse incredibili per avviare un'attività commerciale nel rispetto delle normative locali, statali e federali.

Se avete intenzione di firmare con una società di franchising o di lavorare in un territorio come venditore a domicilio, in molti casi verrà fornita una formazione. A seconda del campo o del prodotto scelto, le classi associate potrebbero non costare nulla. Ad esempio, le società di vendita che operano con feste a domicilio offrono di solito un'ampia formazione pratica. Molti franchising, inoltre, offrono una varietà di corsi pratici per aiutare coloro che fanno acquisti con successo.

Formazione sul posto di lavoro Alcuni lavori freelance forniranno agli appaltatori una formazione di base sul posto di lavoro. Anche le aziende che assumono lavoratori a distanza per ricevere le chiamate in entrata, ad esempio, possono offrire una formazione.

Ottenere la formazione che può essere necessaria per molte imprese a domicilio è di solito molto più facile di quanto si possa pensare. Vai nel posto giusto e le abilità che hai possono essere facilmente aggiunte.

Dove trovare lavoro?

Prendere la decisione di lavorare a casa e selezionare un campo da seguire non sarà sufficiente per far muovere le cose. A meno che non pensi di costruire il tuo business da zero, avrai bisogno di sapere dove andare per trovare lavoro e opportunità a casa tua. Ci sono un certo numero di opzioni che possono essere incredibilmente utili per aiutarvi a iniziare a guadagnare soldi a casa. Tuttavia, ci sono alcune cose da tenere d'occhio. Il mondo del lavoro a casa non è purtroppo immune dagli imbroglioni.

✓ AGENZIE DI COLLOCAMENTO

Le agenzie di collocamento locali possono essere una risorsa inestimabile per i lavoratori autonomi, i lavoratori semispecializzati e anche per coloro che cercano lavoro in aziende che mettono i lavoratori a casa sul libro paga. Per trovare un'agenzia di collocamento con cui lavorare per migliorare la tua carriera, assicurati di farlo:

Definire i loro interessi: le agenzie di collocamento possono essere più specializzate nel tipo di lavoro che gestiscono. Assicurati che i tuoi interessi e l'area di carriera che intendi perseguire siano chiaramente definiti per eliminare le agenzie che potrebbero non essere in grado di aiutarti.

Agenzie di ricerca nella vostra zona: una volta che sapete cosa volete perseguire e forse anche da quali campi volete stare lontano, cercate agenzie della vostra zona che hanno la reputazione di aiutare le persone nella vostra sfera di interesse. Se non riesci ad ottenere raccomandazioni, chiama le agenzie locali e chiedi cosa gestiscono.

Costi associati alla ricerca: La maggior

parte delle agenzie di collocamento fanno pagare al datore di lavoro, non a chi cerca lavoro. Assicuratevi di verificarlo prima di trattare con un'agenzia. Non è divertente ottenere un lavoro solo per scoprire che un taglio sarà rimosso dall'alto!

Le agenzie di collocamento possono essere risorse inestimabili per avviare alcune aree di interesse per il lavoro a domicilio. Assicurati che se questa è la strada che vuoi seguire, l'agenzia con cui lavori abbia esperienza nella tua area di specializzazione o di interesse.

✓ *LE FRANCESI*

Se si preferisce non inventare la ruota per godere di un'opportunità di business a casa, lavorare con un franchising o firmare con una società di vendita con sede sul territorio può funzionare perfettamente. Entrambe le opzioni possono offrire grandi vantaggi quando si tratta di backup e supporto, ma ci sono cose da tenere a mente prima di firmare sulla linea tratteggiata. Questi includono

Riconoscimento: Che si tratti di acquistare da un franchising o semplicemente di rappresentare un'azienda attraverso le vendite, assicurarsi che il prodotto e/o servizio sia riconosciuto e di buona reputazione. Anche con aziende nuove o in crescita, è possibile testare l'acqua. Il fatto che un'azienda offra in franchising per la vendita non significa che i suoi prodotti o servizi siano molto richiesti.

Livello di supporto: se non si entra in azienda con molta formazione, assicurarsi che l'opportunità abbia un grande supporto. Molte società di franchising offrono una formazione di base, ad esempio nelle vendite e negli affari. Le società di vendita, naturalmente, dovrebbero aiutarvi a sviluppare un piano di vendita dei vostri prodotti.

Il tuo mercato: non ti farà bene aprire esattamente il decimo franchise in un'area di 20 blocchi. Assicuratevi di comprendere il vostro mercato e le vostre esigenze. Ciò vale anche per la creazione di territori di vendita. Troppa competizione "amichevole" e le vostre possibilità di successo potrebbero essere fortemente compromesse.

Costi associati: Assicuratevi di avere una buona gestione dei costi associati a questo percorso. Alcuni franchising sono molto convenienti, ma altri possono essere incredibilmente costosi.

I vostri interessi: semplicemente non ha senso creare un negozio con un'azienda, un prodotto o un servizio in cui non avete alcun interesse. È probabile che lo sforzo crolli se non riesci a sostenerlo completamente. Esplorate i vostri interessi da vicino e poi abbinateli alle opportunità disponibili.

Tempo impiegato: alcune opportunità possono sembrare molto buone fino a quando la quantità di lavoro richiesto non è chiaramente compresa. Se si vuole garantire il mantenimento della flessibilità, è imperativo controllare ciò di cui si ha realmente bisogno per avere successo.

Il franchising o il percorso di vendita può essere un modo più semplice per entrare in un'attività a domicilio che ha una reale possibilità di successo. Tuttavia, per godere dei risultati e delle ricompense che desideri, è imperativo che tu faccia prima qualche ricerca.

✓ OTTENERE POSTI DI LAVORO ATTRAVERSO I SITI WEB

Sfruttare la potenza di Internet può essere un ottimo modo per trovare lavoro a casa. Nell'arena online, troverete siti web che possono aiutarvi:

Se si desidera un lavoro a casa, ma a casa, ha senso cercare un certo numero di aziende in tutto il mondo che sono note per aver messo i telelavoratori sul libro paga. Questo può rendere molto più facile trovare opportunità che pagano molto di più.

Ci sono una varietà di siti web specializzati nell'incontro tra i lavoratori autonomi in una serie di campi con i datori di lavoro che assumono. Anche se si tratta di solito di posizioni a breve termine, possono essere molto lucrative nel tempo. Ciò è particolarmente vero se i datori di lavoro a breve termine continuano a chiedere di più. Gli scrittori freelance, per esempio, possono connettersi con una varietà di datori di lavoro online e trovare più lavoro di quello che possono gestire se giocano bene le loro carte.

Se ti piace l'idea di vendere candele in un'atmosfera di festa, per esempio, trovare l'azienda giusta con cui trattare può essere molto più facile online. Qui scoprirete una varietà di siti in grado di collegarvi alla giusta opportunità.

Siti comunitari I siti web inseriti nell'elenco comunitario hanno spesso aree che collegano i lavoratori a domicilio con possibili azioni. Anche se non tutte le offerte sono legittime, questi siti possono essere utili.

Alcune agenzie di collocamento online si occupano in larga misura di posti di telelavoro e di altre opportunità a casa. Possono offrire una porta aperta per trovare opportunità di lavoro a breve e lungo termine in diversi settori.

Le opzioni per connettersi con i potenziali datori di lavoro nell'arena online sono quasi infinite. Per quanto incredibili possano sembrare alcune delle opportunità, è imperativo essere consapevoli di alcuni potenziali pericoli.

✓ COSE DA EVITARE

Per quanto alcuni luoghi possano facilitare la ricerca di potenziali opportunità di lavoro a casa, non tutti quelli là fuori sono esattamente rispettabili. In quest'ottica, è importante evitare i truffatori adottando un approccio prudente nei confronti di qualsiasi proposta. Per evitare problemi con le opportunità di lavoro a domicilio, contratti indipendenti e altro ancora, assicuratevi di farlo:

Non firmare per vendere prodotti per un'azienda senza aver capito esattamente cosa sono questi prodotti e qual è la reputazione dell'azienda. Se sei un lavoratore autonomo, indaga sulla reputazione del datore di lavoro. I siti indipendenti, ad esempio, spesso offrono valutazioni di feedback. Per altre opportunità di business, consultate le camere di commercio locali o il Better Business Bureau per informazioni di base.

Molti annunci per i lavoratori domestici offrono un sacco di soldi per un po 'di lavoro. Altri cercheranno di farti pagare per l'opportunità di lavorare per loro. A meno che non si tratti di un franchising con una quota di partecipazione, fate molta attenzione a chiunque cerchi di ottenere i vostri soldi in modo da poter fare soldi. Inoltre, se il lavoro a casa sembra troppo bello per essere vero, probabilmente non lo è. Esercitare il buon senso qui e guardare gli sfondi.

Contratti d'uso Può essere troppo facile per i lavoratori autonomi, ad esempio, scivolare su questo fronte. Assicuratevi di ottenere i clienti sotto contratto, anche se si tratta di un solo lavoro a brevissimo termine. Questo protegge non solo voi, ma anche il datore di lavoro indipendente.

Se la vostra idea è quella di lavorare a casa la maggior parte del tempo e godere di un orario flessibile, non iscrivetevi a un chiosco di vendita a casa che mangia fino a 80 ore alla settimana. Considera tutti i tuoi obiettivi mentre esplori le possibilità che esistono.

Trovare datori di lavoro per molte posizioni in casa non è così difficile come sembra. Ci sono un certo numero di risorse che possono rendere il compito abbastanza facile.

Qualche consiglio.....

Anche se non tutti i lavori a domicilio richiederanno capacità di colloquio o di creazione di proposte, molti lo richiederanno. Se hai deciso che vorresti lavorare per un'azienda che assume dipendenti a casa o con un contratto locale, ad esempio, vorrai migliorare le tue capacità di intervista. Se state pensando di diventare lavoratori autonomi via Internet, dovrete sapere come presentarvi nel miglior modo possibile attraverso le proposte.

- **OTTENERE INTERVISTE**

Se non hai fatto colloqui per una posizione prima o è passato molto tempo, ci sono alcuni suggerimenti che possono aiutarti a mettere il tuo piede migliore in avanti. Per assicurarti di fare del tuo meglio in ogni situazione di intervista:

Anche se potrebbe non essere necessario indossare una camicia di forza e tacchi alti per ogni intervista, vestirsi in modo ordinato, pulito e professionale. Le prime impressioni sono importanti.

Essere pronti a rispondere a una varietà di domande relative al lavoro e ad altre domande. Capire la posizione, l'azienda e quale potrebbe essere il vostro ruolo prima di varcare la porta. Inoltre, è una buona idea prepararsi a tutto ciò che può essere gettato sul vostro cammino. Pianifica un'intervista personale, ma non perdere la calma se si rivela essere un pannello. Respira e sii te stesso.

Contatto visivo Questo è essenziale per inviare il messaggio giusto ai potenziali datori di lavoro. Questo può aiutarvi a guadagnarvi una reputazione di fiducia, competenza e onestà - tutto ciò che i datori di lavoro cercano anche nei lavoratori a domicilio.

Anche se non avete bisogno di un ufficio

a casa o di una buona configurazione del computer prima di ottenere un lavoro, avere piani in atto può darvi il vantaggio dell'iniziativa di cui avete bisogno.

Cerca di essere il più rilassato e sicuro possibile durante qualsiasi colloquio di lavoro. Questo vi aiuterà a rispondere in modo più approfondito alle domande e può anche aiutarvi a fare una buona impressione. Anche se la posizione è il vostro "sogno", non fatevi prendere dal panico pensando che sarà la fine del mondo se non lo otterrete. Questo minerà la fiducia e probabilmente vi darà un aspetto teso.

Non abbiate paura di mettere in primo piano le vostre qualifiche, esperienze e punti di forza. Ricordate, un'intervista è davvero una situazione di vendita. Invece di un prodotto o servizio, cercherai di venderti. Fai bene il lavoro e avrai il lavoro.

Non cercare di farti sembrare più di

quanto tu sia. Sii onesto nel rispondere alle domande. Se non sai qualcosa, ammettilo. Sottolineate che siete disposti e capaci di imparare tutto quello che vi viene in mente.

Siate realistici Assicuratevi di essere almeno ragionevolmente qualificati per una posizione. Se il lavoro richiede competenze altamente specializzate e non le hai, probabilmente non è realistico inseguire il lavoro.

Le interviste faccia a faccia possono essere piuttosto stressanti, ma ci sono modi per farlo. Più siete preparati e rilassati, meglio troverete potenziali datori di lavoro. Questo può darvi il vantaggio di cui avete bisogno per superare la concorrenza.

- *LA TUA PRIMA INTERVISTA ONLINE*

Intervistare o candidarsi per un lavoro in un ambiente virtuale può essere un po' più complicato. Anche se alcune posizioni possono includere anche un'intervista faccia a faccia, molte non lo fanno. Ciò significa che spesso dovrete vendere voi stessi basandovi esclusivamente su credenziali e comunicazioni scritte. Ci sono alcuni suggerimenti che possono aiutarti ad eseguire qui. Questi includono

Poiché è molto probabile che si dovrà atterrare il lavoro solo con materiale scritto, sarà imperativo che le proposte siano presentate correttamente. Assicurati di prenderti il tempo necessario per aggiornare il tuo curriculum e le qualifiche, rivedere la tua proposta e offrire solo ciò che puoi realmente offrire. Se avete intenzione di lavorare da soli, mantenete i prezzi delle vostre offerte competitive.

Alcuni datori di lavoro indipendenti preferiscono intervistare i candidati per telefono o in chat room. Assicurati di essere disponibile a parlare quando necessario.

Una volta che le proposte sono state presentate, può essere una buona idea seguire un potenziale datore di lavoro ed essere disponibile a rispondere a qualsiasi domanda. Se stai facendo offerte attraverso un servizio di matching freelance, questo potrebbe non essere possibile, ma in altre aree può essere una preziosa abitudine ad entrarci.

Intervistare per un lavoro a tempo pieno o anche per un contratto di lavoro freelance può essere un po' travolgente. Più si è preparati a ciò che ci si può aspettare, migliori saranno le prestazioni. Con un po' di sicurezza, farai accadere le cose belle per te stesso.

- ***IMPOSTARE CORRETTAMENTE L'HOME OFFICE***

Che tu intenda lavorare in proprio, fare vendite, comprare un franchising o telelavoro per un datore di lavoro a tempo pieno, scoprirai che avere un ufficio a casa è una considerazione molto importante. Anche se si tratta solo di un armadio con la propria porta privata, avere un rifugio può essere molto importante per i livelli di produttività e anche per la sanità mentale.

Probabilmente scoprirai che non dovrai spendere una piccola fortuna per aprire un ufficio in casa. Anche con un budget relativamente basso, è possibile ottenere gli strumenti necessari per quasi tutti i settori professionali. Le basi da considerare includono:

Una postazione di lavoro Anche se si utilizzano due archivi con una scrivania distesa su di essi, avere un posto per posizionare altri materiali e distribuire i documenti può essere molto intelligente.

Armadietto(i) Va bene se questi fanno parte della "scrivania" o se sono in piedi da soli. In entrambi i casi, ne avrete bisogno per conservare file importanti, come informazioni sui clienti, ricevute di acquisto per l'azienda e così via.

Un computer Questo è il pane e il burro per molte aziende in casa. Un computer affidabile con il giusto software per l'ufficio può anche aiutare con un franchising basato sulle vendite. E' anche una buona idea avere una connessione Internet ad alta velocità. Questo è particolarmente vero se hai intenzione di lavorare come freelance o come telelavoratore virtuale.

Un telefono Avere una linea telefonica aziendale dedicata è una grande idea. Anche se non volete farlo all'inizio, considerate almeno di mettere un telefono in ufficio.

Stampante/fax/scanner Per contenere i costi, un'unità combinata può funzionare molto bene.

Un pianificatore. Farai un sacco di giocoleria. Per stare al passo con tutto questo, è intelligente avere un calendario o uno scheduler per aiutarti a programmare i tuoi giorni.

Non dimenticate di fare scorta di altre

forniture di cui potreste aver bisogno, come penne, carta, libri di bordo, file, fatture, biglietti da visita, ecc.

Stabilire un ufficio in casa è un'ottima idea per darvi lo spazio di cui avete bisogno per fare il vostro lavoro. Anche una configurazione di base può essere di grande aiuto.

La strada del successo

A meno che tu non abbia deciso di lavorare in remoto per un'azienda, ci sono alcune cose che vorrai fare per essere sulla strada del successo. La selezione di un campo di attività da seguire, la creazione di un home office e anche ottenere un po 'di formazione non sarà sufficiente per costruire una lista di clienti e tenerli tornare per ulteriori informazioni.

Se avete intenzione di aprire un franchising di vendita o freelance per un datore di lavoro assunto, ci sono diverse altre mosse che dovete fare per partire bene. La pubblicità, il networking, la costruzione e la protezione della vostra reputazione diventeranno considerazioni importanti una volta che sarete immersi nel lavoro a casa.

✓ PERCHÉ LA PUBBLICITÀ È IMPORTANTE

Solo perché hai deciso di fare affari da solo non significa che i clienti cominceranno a bussare alla tua porta. La pubblicità è essenziale per il franchising, la vendita sul territorio, la vendita online e anche per i lavoratori autonomi. Le persone hanno semplicemente bisogno di sapere chi sei e cosa offri prima di essere interessate ai tuoi prodotti o servizi. Appendere un cartello non basta.

Come ottenere le informazioni di cui avete bisogno sulla vostra nuova attività a domicilio? Queste modalità pubblicitarie possono aiutare le persone a conoscere voi e la vostra azienda:

A seconda di ciò che si sta per fare, la pubblicità stampata può essere un buon modo per farlo. Se si prevede di vendere prodotti in una particolare zona, ad esempio, i giornali locali possono fare miracoli. Se volete offrire i vostri servizi come assistente virtuale per le piccole imprese, le riviste specializzate possono darvi una spinta.

Pay per click di pubblicità online e altri motori di ricerca guidato annunci online può funzionare molto bene per ottenere siti di vendita online, nomi di freelance e molto altro ancora che circolano sul web. Può anche essere una buona idea creare il proprio sito anche per un'azienda altamente localizzata.

Pubblicità gratuita Uno dei modi migliori per ottenere almeno una spinta iniziale è quello di godere dei benefici della pubblicità gratuita. Se state aprendo un'attività di franchising o di vendita territoriale nella vostra comunità, inviate un comunicato stampa ai media locali. Se avete intenzione di fare affari online, prendete in considerazione la possibilità di scrivere un blog sulla vostra esperienza o campo per generare traffico verso il vostro sito web. Puoi anche scrivere colonne per gli altri, accettare di essere intervistato da uno scrittore online, o rilasciare comunicati stampa basati sul web per dire chi sei e cosa fai.

Altre forme di pubblicità Televisione, direct mail, radio e altri strumenti pubblicitari possono funzionare bene, a seconda del vostro budget e del tipo di attività in cui vi trovate. Considerate attentamente le vostre opzioni, tuttavia, poiché queste modalità di diffusione della notizia potrebbero costare più di quanto si vuole pagare come inizio.

Aprire un'impresa non è sufficiente a garantire il successo. Una volta che sei pronto per iniziare, la tua potenziale clientela dovrà sapere di te. La pubblicità è essenziale per guidare il traffico e gli affari a modo tuo.

✓ GLI SCOPI DEL COLLEGAMENTO IN RETE

Il networking è in realtà un'altra forma di pubblicità, ma può essere abbastanza accessibile ed efficace. Quando ci si mette in contatto, si sta fondamentalmente diventando il best seller per la vostra azienda. Inoltre, questo può farti uscire di casa facendo qualcosa di molto importante per costruire le tue vendite e la tua reputazione.

Le opzioni di rete sono un po' più ampie di quanto molti pensano. Alcune opportunità che potrebbero valere la pena di esplorare includono:

Camere di commercio locali Le camere di commercio locali offrono una piattaforma eccellente per chiunque venda un prodotto o un servizio per diffondere la parola. Mentre le telecamere possono consumare un po' di tempo nel grande schema delle cose, offrono una preziosa formazione in cambio dei costi di iscrizione e possono aiutare gli imprenditori e i liberi professionisti a diventare una parte preziosa di una comunità.

Molte comunità hanno i propri gruppi di networking che offrono meno sotto forma di programmi e più sotto forma di incontri diretti con altri imprenditori che potrebbero essere alla ricerca di prodotti o servizi. I gruppi di lavoro in rete possono riunirsi settimanalmente, mensilmente o trimestralmente. In alcune aree, troverete gruppi di networking generale e anche quelli che lavorano con le madri.

Opzioni online Se hai intenzione di vendere prodotti online o vuoi lavorare come professionista indipendente dell'inserimento dati, troverai che il web networking può essere molto importante per il tuo successo. Per diffondere la notizia di ciò che fate, prendete in considerazione la possibilità di unirvi a gruppi di contatto online, scrivendo articoli di ospiti o di esperti per siti web, ecc. Lanciare un blog per le autopromozioni può anche funzionare molto bene per il traffico e interessare la vostra strada. L'utilizzo di siti di social network può anche essere un modo interessante ed efficace per creare una voce sulla tua attività.

Sponsorizzazioni Avviare un franchising di vendita in una comunità locale e iniziare il primo giorno sponsorizzando un evento, una squadra sportiva o qualcosa di simile può diffondere immediatamente la buona volontà. Le sponsorizzazioni non devono necessariamente essere costose per essere efficaci. Se si sta entrando in un business online, le opzioni possono essere limitate.

Il networking non è solo un veicolo pubblicitario vitale per la vostra azienda, ma può anche servire come una buona "distrazione" per voi. Come mamma che lavora a casa, scoprirai che uscire e promuovere il tuo business è divertente, gratificante e offre un cambio di ritmo molto piacevole.

Aprire un'attivita' senza che nessuno sappia che sei li' non e' intelligente. Ci sono una varietà di modi per diffondere la voce su chi sei e cosa fai. Per ottenere il massimo dal marketing, considerare un approccio multiforme.

✓ *LA REPUTAZIONE È TUTTO CIÒ CHE*

Se si prevede di vendere i prodotti a casa feste, aprire un franchising, o il lavoro a contratto è la vostra specialità, è necessario proteggere la vostra reputazione con zelo. Costruire una buona reputazione e i vantaggi di farlo avrà un impatto molto positivo sul successo della vostra azienda.

La vostra reputazione può avere un impatto sulla vostra attività e sui vostri referral. Se si costruiscono grandi relazioni con i clienti, la vostra attività avrà successo. Se non lo fai, potresti cadere.

Per essere sicuri di avere una reputazione stellare, assicurati di farlo:

Mantieni la tua parola. Prometti solo quello che puoi mantenere e fai esattamente questo. Questo vi aiuterà a costruire la fiducia con i clienti. A sua volta, può portare alla ripetizione della pubblicità commerciale e del passaparola per i vostri prodotti o servizi.

Trattare i clienti con rispetto Il servizio clienti è la chiave per costruire relazioni commerciali durature. Trattare i potenziali clienti con rispetto e cortesia e questo darà i suoi frutti.

Assicuratevi che i prodotti o servizi siano alla pari. Anche se la vostra professionalità vi aiuterà a partire con il piede giusto, sono i vostri prodotti o servizi che continueranno a vendere la vostra attività. Assicuratevi che offrano qualità e valore e i clienti continueranno a tornare.

Le madri possono creare imprese redditizie e di successo. Se prendete le misure giuste per pianificare la vostra attività, diffondere informazioni e fornire servizi, i vostri sforzi dovrebbero essere utili.

E le mie prestazioni? Dove sono?

Il vostro compito è terminato, avete selezionato la vostra azienda e siete pronti ad andare avanti a tutta velocità. Proprio quando pensi di aver pianificato tutto, un amico ti chiede come potrai compensare le preziose prestazioni che il tuo attuale datore di lavoro fornisce.

Allora, *come rispondi? Puoi colmare le lacune?*

Molto probabilmente può essere adeguatamente coperto.
Dall'assicurazione sanitaria e il pensionamento al risparmio, scoprirete che spesso è possibile ricreare all'incirca lo stesso tipo di copertura di cui avete goduto come dipendente a tempo pieno nella corsa ai ratti. Il giusto approccio da adottare dipenderà dalle vostre circostanze personali.

➢ *STIPULARE UN'ASSICURAZIONE*

Se la copertura medica, odontoiatrica e visiva sono preoccupazioni, le madri che lavorano a domicilio hanno generalmente a disposizione delle opzioni. Garantire che la vostra famiglia sia coperta, ovviamente, dovrebbe essere una priorità assoluta. Queste sono le opzioni più comuni per i lavoratori a casa:

Se il vostro coniuge può ottenere un'assicurazione sul lavoro che copre tutta la famiglia, questo può risolvere completamente il problema. Ci sono anche alcuni vantaggi nel seguire questo percorso. Anche se le polizze assicurative private possono essere stipulate e non sono così costose come molti pensano, la loro copertura tende ad essere piuttosto limitata. Gli OPP e gli OPP e gli HMO dei datori di lavoro coprono un numero maggiore di esclusioni e di solito non ne prevedono l'esclusione.

A meno che non esistano importanti condizioni preesistenti da affrontare, è possibile acquistare polizze private HMO e PPO a copertura della famiglia. Cercate attentamente la copertura e i costi non dovrebbero fallire. Siate consapevoli dei limiti di ogni particolare politica che vedete. Le politiche che non sono politiche di gruppo tendono ad avere molte restrizioni e "caratteri piccoli" che devono essere considerati attentamente.

Gruppo Se la vostra nuova attività a domicilio impiegherà più persone di voi, potreste avere diritto a una copertura assicurativa di gruppo. Ciò significa che avrete accesso alle stesse opzioni di copertura che un datore di lavoro fornirebbe. I costi di questo può variare notevolmente, ma può valere la pena di considerare se si hanno lavoratori e un'intera famiglia da coprire.

L'assicurazione è semplicemente un ostacolo che ostacola il lavoro autonomo. Esplorate attentamente le vostre opzioni e sarete in grado di trovare una soluzione che funziona. Tenete presente che i costi possono variare notevolmente. Vale la pena di controllare tutti i viali e scegliere un percorso finale che fornisca la migliore copertura per il minor investimento possibile.

➢ *E LA TUA PENSIONE?*

Anche se l'assicurazione è una grande considerazione, non deve essere dimenticata neanche per il futuro. Se stai lasciando un lavoro che offre prestazioni pensionistiche o veicoli di risparmio, vorrai trovare il modo di duplicare o addirittura migliorare gli strumenti a tua disposizione. Puoi perdere quella partita aziendale volando da solo, ma puoi assicurarti di risparmiare per il tuo pensionamento come libero professionista.

Alcune delle opzioni disponibili per aiutare le mamme a restare a casa a salvare le uova del nido per i loro anni d'oro includono:

Questi conti di previdenza possono aiutarvi a proteggere i vostri risparmi fiscali mentre costruite per il futuro. Le IRA hanno limiti contributivi, ma possono essere uno strumento prezioso da utilizzare nell'ambito di un piano pensionistico generale.

401ks Questo è un altro veicolo di previdenza. Il problema di 401ks è che essi tendono ad essere legati al mercato azionario, il che significa che sono in grado di affrontare alti e bassi drammatici. Potrebbe non essere intelligente usare un 401k come unica opzione, ma possono servire come una buona tabella in un piano.

Obbligazioni Anche se i loro guadagni non sono necessariamente drammatici, possono rivelarsi investimenti abbastanza solidi. Le obbligazioni federali e comunali possono essere ricompensate con buoni premi a lungo termine.

Azioni Prestare attenzione quando si

utilizza un portafoglio come unica opzione a causa di possibili alti e bassi.
Comunque, e' un tavolo che vale la pena considerare.

Altri investimenti L'oro, gli immobili e altri investimenti materiali possono essere considerati parte di un pacchetto di investimenti a lungo termine.

Uno dei potenziali svantaggi del lavoro a domicilio è la mancanza di fondi pensione. Puoi superare questo ostacolo se pianifichi attentamente e ti assicuri di risparmiare per il tuo futuro.

➢ *OGNI CENTESIMO CONTA*

I risparmi previdenziali sono importanti, ma anche i risparmi a breve termine. Se avete intenzione di contribuire a nutrire lo stile di vita della vostra famiglia o addirittura finanziarlo interamente, risparmiare denaro per un giorno di pioggia è una cosa intelligente da fare. Questo è anche un ottimo modo per prepararsi ai tempi di inattività che possono verificarsi con qualsiasi azienda.

Alcune delle opzioni che vale la pena di esplorare sul fronte del risparmio, molte delle quali sono menzionate per gli investimenti previdenziali. Azioni, obbligazioni e altri investimenti possono dare i loro frutti.

Per risparmi più semplici, si possono prendere in considerazione cose come:

Risparmio tradizionale Aprire un conto di risparmio e iniziare a risparmiare un importo fisso ogni settimana, ogni due settimane o ogni mese. Continuate così e i vostri risparmi si accumuleranno nel tempo.

Conti del mercato monetario Se si desidera guadagnare un po 'più interesse sui vostri soldi, questi possono funzionare molto bene. Funzionano come normali conti correnti o conti di risparmio, ma guadagnano più interessi.

Fare una vita come un buon soggiorno a

casa mamma è certamente possibile, ma potrebbe non essere sufficiente a coprire le vostre basi a lungo termine. Se volete proteggere il vostro reddito, la vostra salute e il vostro futuro, è saggio fare adattamenti per l'assicurazione, la pensione e il risparmio standard.

Conclusione: Come gestire tutto e non cadere nel tentativo?

Se pensate che lavorare a casa sarà "più facile" di qualsiasi altra opzione a vostra disposizione, è probabile che stiate imbrogliando voi stessi. E 'diverso, più conveniente, immensamente gratificante, ma non necessariamente una passeggiata nel parco. Puoi imparare a gestire tutto ed eccellere nella tua vita personale e professionale.

Per essere sicuri di destreggiarsi il più facilmente possibile tra lavoro, famiglia e responsabilità domestiche, può essere utile considerare i seguenti suggerimenti, tecniche e strategie per fare tutto questo:

Questo particolare consiglio non può essere sottolineato a sufficienza. Se avete intenzione di lavorare un'intera giornata di otto ore dalla mattina al pomeriggio o se avete intenzione di lavorare di notte dopo che i bambini vanno a letto, stabilite il vostro programma e cercate di seguirli.

Approfittate dei tempi di inattività Se avete dei tempi di inattività durante le ore prestabilite, approfittate di fare altre cose sul vostro piatto. Fare le faccende di casa, uscire con i bambini, preparare la cena o semplicemente rilassarsi un po'.

Anche lavorando a casa, è molto probabile che non sarete in grado di gestire tutto il giorno dentro e fuori. Datevi il permesso di lasciare che la casa vada un po 'a favore di ottenere un grande contratto o l'acquisto di tempo sufficiente per portare i bambini al parco. Dare priorità a ciò che è veramente importante e il tuo atto di giocoleria funzionerà.

Se non hai mai lavorato a casa con i bambini che corrono in giro, stai per iniziare un esercizio di pazienza. I vostri bambini potrebbero non capire inizialmente che non possono interrompere ogni cinque minuti. Dovrete imparare l'arte del compromesso e anche come essere fermi e affettuosi per raggiungere questo obiettivo. Con un piccolo sforzo, si può evitare di ferire i piccoli ego.

Avviare un'attività di soggiorno a domicilio può rendere alcune cose della vita molto più facili. Potrebbe anche presentare una nuova serie di sfide. Preparatevi a dare la priorità a ciò che conta e ad impegnarvi su punti che non sono così importanti. Se fai queste cose, puoi destreggiarti tra tutto e mantenere la tua attività, la tua sanità mentale intatta e la tua famiglia in ottima forma.

➢ *QUALCHE PAROLA D'ADDIO*

Scegliere di essere una mamma lavoratrice può essere una delle migliori decisioni che si potranno mai prendere. Con un po 'di pianificazione, pazienza e sforzo, è possibile trascorrere più tempo con la vostra famiglia, mentre guadagnandosi da vivere nel processo.

Lavorare a casa può essere una grande sfida, ma la ricompensa ne vale la pena. Per essere sicuri di avere le vostre basi coperte prima di tuffarvi in questa decisione, non dimenticate di farlo:

Che si tratti di telelavorare per un datore di lavoro a tempo pieno o di avviare un'attività in proprio, lavorare a casa non è adatto a tutti. Assicuratevi di esplorare realmente i possibili alti e bassi della decisione. Va bene decidere che questa opzione non fa per te.

Selezionare il campo giusto Non c'è bisogno di avere un titolo Ivy League per fare una carriera di incredibile successo come un soggiorno a casa mamma. Tuttavia, è necessario scegliere l'opportunità di carriera che meglio si adatta ai propri interessi e alle competenze che si hanno o possono acquisire. Assicurati che l'azienda che intendi avviare mantenga davvero il tuo interesse.

Se la tua famiglia non è dietro la decisione, potresti avere un inizio difficile. Abbiate discussioni franche e aperte su ciò che sperate di fare e su ciò che questo significa per tutta la famiglia. Avere lui a casa ha maggiori probabilità di valere i sacrifici che altri membri della famiglia potrebbero dover fare.

Impostare i parametri Impostare un ufficio a casa, impostare le ore di lavoro e prepararsi a partire con il piede giusto. Fare queste cose può aiutarti a costruire e mantenere un'immagine professionale anche se stai cancellando la bava dalla camicia mentre parli al telefono con un cliente! La parte migliore è che il cliente non sarà in grado di vedere cosa state facendo!

Se non hai intenzione di lavorare per qualcun altro a tempo pieno, assicurati di diffondere la notizia della tua attività.

Assicurati di informare i tuoi amici, familiari e colleghi di lavoro. Prestare attenzione alla pubblicità, al networking e ad altre opzioni praticabili per attirare i clienti. Continuare a coltivare opportunità di business pubblicitario dopo il lancio per mantenere il vostro business sotto gli occhi del pubblico.

Coprire le vostre basi Non trascurate l'importanza dell'assicurazione, dell'avere di vecchiaia e di un fondo per i giorni di pioggia. Pianificare in anticipo come gestire queste cose e salvarle per le emergenze e il futuro diventerà un'abitudine con cui tutta la vostra famiglia potrà convivere.

Relax Il lavoro a casa è un gioco di destrezza. Non si puo' negarlo. Alcuni giorni saranno migliori di altri. Rilassatevi e fate del vostro meglio ogni giorno. Se sudate le piccole cose, impazzirete.

Diventare una mamma soggiorno a casa è un modo incredibile per combinare il lavoro più importante della tua vita con il secondo più importante. Se si pianifica attentamente e ci si prepara ad alcuni alti e bassi lungo il percorso, la ricompensa di lasciare il mondo quotidiano per rimanere a casa si accumulerà rapidamente e continuerà ad arrivare.

Basta ricordare che tutto non accadrà durante la notte e che ci vorrà del tempo prima di vedere un cambiamento nella vostra vita in meglio.

Ora sì, vi auguro il meglio dei vostri risultati, e ricordate, tutto è pratico; la teoria senza azione non vi serve a nulla. Porta tutto quello che si impara nella vita reale.

Un grande abbraccio, il tuo amico, Jessy!

A proposito, quando si raggiungono i risultati a poco a poco, vi consiglio vivamente, se volete saperne di più sui metodi di fare soldi, il libro di un grande autore da cui ho imparato molto, su

"STRATEGIE SEGRETTE PER FARE UN TANTO DI MONEY IN THE MULTINIVEL BUSINESS", è un libro che sono sicuro vi aiuterà molto sulla strada verso la "libertà finanziaria".

Senza ulteriori indugi, potete trovarlo nel motore di ricerca di Amazon, come: "Strategie segrete per guadagnare un sacco di soldi nel business multilivello" o alla ricerca del suo nome, come: "Gaston Echevarria".... Ancora una volta vi auguro di avere successo nei vostri risultati!

www.ingramcontent.com/pod-product-compliance
Lightning Source LLC
Chambersburg PA
CBHW072203170526
45158CB00004BB/1754